W0247761

Anne Steinwart

Überraschungsgeschichten

Zeichnungen von Jutta Timm

Loewe

Die Deutsche Bibliothek – CIP-Einheitsaufnahme

Steinwart, Anne :
Leselöwen-Überraschungsgeschichten / Anne Steinwart.
Zeichn. von Jutta Timm.
– 1. Aufl. – Bindlach : Loewe, 1997
(Leselöwen)
ISBN 3-7855-2872-8

Dieses Buch ist auf chlorfrei gebleichtem Papier gedruckt.

ISBN 3-7855-2872-8 – 1. Auflage 1997
© 1997 by Loewe Verlag GmbH, Bindlach
Umschlagillustration: Jutta Timm
Satz: Leingärtner, Nabburg
Gesamtherstellung: L.E.G.O. S.P.A., Vicenza
Printed in Italy

Inhalt

Annalena hat alle verhext

Sie hat alles verändert. Nichts ist mehr wie früher! Kris hat sich immer noch nicht daran gewöhnt.

Bis vor drei Wochen war er Mamas Allerbester und Papas Einziger. Dann wurde er großer Bruder und jetzt ist er gar nichts mehr. So sieht es wenigstens aus.

Alles dreht sich nur noch um *sie*!

Sie heißt Annalena und hat alle verhext.

Nicht nur Mama und Papa spielen verrückt, auch Oma und Opa. Und die

Freunde von Mama und Papa und die Nachbarn. Alle, alle interessieren sich nur noch für *sie*.

Der Name ist noch das Beste an ihr. Den hat sie Kris zu verdanken! Mama und Papa konnten sich nicht entscheiden. Mama war für Anna, Papa für Lena. Kris hat einfach ein Namensschild gemalt und an die Tür des zweiten Kinderzimmers gehängt.

Annalena hat er darauf geschrieben und eine lachende Sonne neben den Namen gemalt. Eine Woche vor Annalenas Geburt. Mama und Papa waren sofort begeistert. Sie haben Kris in den höchsten Tönen gelobt.

„Annalena", hat Papa gesagt. „Das ist das Gelbe vom Ei!"

Und Mama hat gesagt: „Kris ist klüger als wir beide zusammen. Seine Schwester wird stolz auf ihn sein!"

Jetzt spricht keiner mehr so. Und jetzt wird nur *sie* in den höchsten Tönen gelobt.

Heute Nachmittag sind drei Arbeitskolleginnen von Mama da. Sie kamen mit Blumen und Strampelhosen. Und mit andächtigen Gesichtern. Auch sie hat Annalena sofort verhext.

Sie ist eine Windelhexe, denkt Kris und lauscht dem Geschnatter im Nebenzimmer.

„Diese süße kleine Knubbelnase!"

„Von wem hat sie nur die vielen schönen schwarzen Haare?"

„Guck mal, sie runzelt die Stirn."

„Nein, wie niedlich!"

„Eijeijei!"

Und dann plärrt Annalena los, schreit in diese Loblieder hinein, schreit, als ginge es um ihr Leben.

Kris hätte nie gedacht, dass ein so winziger Mensch so laut sein kann. Nachts ist er schon ein paarmal von Annalenas Geschrei aufgewacht und hatte Angst, dass etwas Schlimmes passiert war. Aber natürlich war nichts Schlimmes passiert. Annalena schreit wegen Kleinigkeiten.

Weil sie Hunger oder Durst hat. Weil sie ein Bäuerchen oder einen Pups machen muss. Oder weil sie nicht schlafen kann und gestreichelt werden will. Sie schreit und sie kriegt, was sie braucht. So einfach ist das!

Kris hört Mamas Stimme nebenan. Bestimmt nimmt sie Annalena gerade auf den Arm. Das Geplärre wird leiser und hört schließlich ganz auf. Mamas Kolleginnen flüstern und wispern nur noch.

Kris grinst. Vielleicht wollte seine Schwester nur ihre Ruhe haben … Das hat sie sehr schnell geschafft, denkt er. Die Kleine ist gar nicht so dumm!

Er geht in die Küche. Heute Mittag gab es kein richtiges Mittagessen. Nur ein Spiegelei für jeden und eine Scheibe Brot. Eigentlich wollte Papa für alle Mahlzeiten sorgen. Er hat zur Zeit Urlaub. Aber irgendwie klappt die Kocherei nicht. Papa räumt den ganzen Tag tausend Geschenke und Windelpakete und Puderdosen und all diese Babysachen von einer Ecke in die andere. In jedem Zimmer stößt man auf nie da gewesene Unordnung. Mama muss sich noch schonen und Papa ist viel zu nervös um die nötigen Dinge zu regeln.

Wann hat er eigentlich das letzte Mal
länger als zehn Minuten mit Kris gespielt?
Annalena hat wirklich *alles* verändert!
Kris guckt in den Kühlschrank und
erschrickt, als Papa plötzlich hinter ihm
steht und ihm auf die Schulter tippt.
„Sohnemann", sagt er mit einem

seltsamen Gesichtsausdruck. „Kommst
du mit?"

„Wohin?", flüstert Kris.

„Nichts wie weg", antwortet der und
zeigt mit dem Daumen nach nebenan.
„Ich halt's nicht mehr aus. Wir beide
rennen einmal um den Block und dann
essen wir Pizza bei Antonio und Sabrina.
Einverstanden?"

Kris grinst und nickt. Auf Zehenspitzen
schleichen sie sich hinaus.

Florians Oma

Florians Oma liegt seit zwei Wochen im Krankenhaus. Sie hatte einen Schlag-anfall und kann seitdem nicht mehr laufen – nur sitzen und liegen.

Sprechen kann sie zur Zeit auch nicht. Nur den Kopf schütteln oder nicken.

Die Ärzte sagen, dass es lange dauern kann, bis sie wieder gesund wird. Wie lange, wissen sie nicht.

Mama weiß es auch nicht. „Nach einem Schlaganfall brauchen alle Geduld", hat sie zu Florian gesagt. „Oma am meisten!"

Florian will jede Menge Geduld haben. Hauptsache, es geht Oma bald besser!

Oma wohnte schon immer im selben Haus wie Florian und seine Eltern. In der unteren Etage rechts ist ihre kleine Wohnung. Dort ist es jetzt traurig-leer und still.

Oma hatte gern das Radio an. Ziemlich laut, weil sie nicht mehr gut hören kann. Aber wenn Florian zu ihr hereinkam, hat sie es ausgestellt. Er hat oft bei ihr gesessen. Mit seinen Schulaufgaben. Mit einem Puzzle. Oder einfach so. Dann hat sie ihm etwas erzählt oder vorgelesen.

Florian kennt keinen Erwachsenen, der so begeistert aus Kinderbüchern vorliest wie seine Oma. Richtig gekichert hat sie bei manchen Geschichten. Über dieselben Stellen wie Florian!

Jederzeit konnte er zu ihr gehen. Er war immer willkommen. Und wenn er oben in seinem Zimmer mit Freunden spielte, hörte er von unten ihr Radiogesumme.

Das Haus war ganz anders, als Oma noch da war.

Papa arbeitet von morgens bis abends in seinem Schuhgeschäft und Mama gibt jeden Nachmittag zwei Stunden Unterricht in der Musikschule. Florian ist jetzt manchmal ganz allein in dem großen Haus.

Oma fehlt ihm sehr!

Bisher durfte Florian noch nicht zu ihr ins Krankenhaus. Aber heute will Mama ihn mitnehmen.

Er hat ein bisschen Angst vor dem Besuch und ist trotzdem froh. Schließlich hat er Oma zwei Wochen nicht gesehen!

„Worüber freut sie sich wohl?", fragt er Mama. „Was kann ich ihr schenken?"

Mama zuckt mit den Schultern. „Blumen, Zeitschriften, Pralinen und Obst haben wir ihr schon mitgebracht", sagt sie.

Etwas anderes weiß sie nicht. Florian soll sich nicht den Kopf zerbrechen, meint sie noch, sein Besuch sei Oma bestimmt mehr wert als jedes Geschenk. Das glaubt Florian auch, aber mitbringen will er ihr trotzdem etwas.

Er geht in sein Zimmer. Die Regale sind vollgestopft mit Spielzeug, Büchern und Stofftieren.

„So viele schöne Sachen!", hat Oma oft gesagt. „So viele Herrlichkeiten für ein einziges Kind!"

Früher, als sie ein Kind war, gab's so etwas nicht. Nichts von alledem hat Oma gehabt. Und ihre sechs Geschwister auch nicht.

Es fiel Florian schwer das zu glauben. *„Gar nichts?"*, hat er gefragt.

„So gut wie nichts", hat Oma erklärt und über sein Entsetzen geschmunzelt. Dann hat sie von ihrer einzigen Puppe erzählt.

Die hatte ihr die Patentante zum fünften Geburtstag geschenkt. Eine Puppe mit Porzellankopf und Trachtenkleid!

„Die taugte nur zum Angucken", hat Oma gesagt. „Nicht zum Spielen und Schmusen!"

Florians Blick schweift zu seinem Teddy in der Bettecke. Sein geliebter Jojo! Ohne ihn könnte er niemals einschlafen. Sein Jojo ist der schönste und weichste und beste aller Bären! Im Regal sitzen noch drei andere. Hajo, Lu und Pindos heißen sie.

Florian betrachtet sie nachdenklich. Soll er vielleicht …?

„Das geht nicht", murmelt er. „Nein, das geht nicht. Dafür ist sie zu alt."

Dann sieht er Oma vor sich. Sie liest in seinem Lieblingsbuch und kichert.

„Quatsch", sagt er laut und nimmt Hajo aus dem Regal. „Oma ist für gar nix zu alt!"

Der braune Plüschbär ist fast so schön wie Jojo. Und beinahe doppelt so groß.

„Ein bärenstarkes Prachtstück", hat Oma ihn mal genannt. Hajo ist für sie genau richtig. Haargenau!

Fröhliche Weihnachten

Frank und Steffi gehen jeden Tag gemeinsam zur Schule. Sie wohnen nur ein paar Meter auseinander.

Meistens ist Frank als Erster startklar. Steffi wird nie rechtzeitig fertig. Weil ihr morgens die besten Ideen kommen, sagt sie. Zwischen Aufstehen und Frühstücken hat sie schon die Möbel in ihrem Zimmer umgeräumt. Und einen neuen Papierflieger ausprobiert. Und ihr Meerschweinchen Bim in einen Drachen verzaubert. Und so weiter und so weiter!

Frank glaubt, dass Steffi ziemlich meschugge ist. Dass er immer noch mit ihr befreundet ist, wundert ihn manchmal.

Ein bisschen meschugge ist er ja auch – das behauptet wenigstens sein Opa. Aber Steffi schlägt alle Rekorde. Dauernd erfindet sie neue Spinnereien und jede Nacht träumt sie etwas Verrücktes. Am Morgen hat sie Frank jedesmal eine Menge zu erzählen. Der Schulweg ist viel zu kurz für ihre Geschichten.

Einmal sind Steffi und Frank sogar schon an der Schule vorbeigegangen ohne sie zu sehen. Steffi erzählte und erzählte und Frank marschierte staunend neben ihr her. Bis sie plötzlich vor dem Schwimmbad standen und einen halben Kilometer zurücklaufen mussten.

Heute Morgen steht Frank schon wieder seit zehn Minuten vor Steffis Haustür und wartet. Klingeln soll er nicht.

„Ich zähle bis fünf", sagt er. „Wenn sie bis dahin nicht fertig ist, geh' ich allein! –

Eins – zweiii …" Die Haustür öffnet sich einen Spalt.

„Noch ein Sekündchen", sagt Steffi. „Ich bin sofort wieder da!"

„Es waren dreißig Sekündchen", knurrt Frank, als sie endlich mit der Schultasche herauskommt. „Ich hab' gezählt!"

„Fröhliche Weihnachten", sagt Steffi und drückt ihm einen bunten Papierstern in die Hand. „Den hab' ich eben für dich gemacht."

„Willst du mich veräppeln?", fragt Frank. „Gestern war Sommeranfang!"

„Na und?" Steffi lacht vergnügt. „Bei Wedegärtners im Schaufenster steht auch schon der erste Weihnachtsbaum."

Frank guckt sie missmutig an. Ist sie jetzt total übergeschnappt?

„Mit Strohsternen, Holzfiguren und elektrischen Kerzen", sagt Steffi. „Und einem roten Vogel oben auf der Baum-spitze."

„Ich glaub' dir kein Wort", sagt Frank.

„*Du* hast einen Vogel!" Er tippt sich an die Stirn.

„Ich hab' keinen Vogel", sagt Steffi beleidigt. „Aber du – du hast Stroh im Kopf. Nichts als Stroh!"

Wütend marschiert sie neben ihm her

und guckt ihn nicht mehr an. Frank wird auch wütend. Was bildet Steffi sich eigentlich ein?

An der nächsten Kreuzung bleibt sie stehen. „Wetten, dass es den Weihnachtsbaum gibt?"

Frank will nicht wetten. Er will, dass sie sofort die Sache mit dem Stroh zurücknimmt!

„Nur, wenn du sofort sagst, dass du mir glaubst!"

„Ich bin doch nicht blöd!", sagt Frank.

„Bist du doch", sagt Steffi. „Strohblöd!" Sie überquert die Straße, geht aber nicht in Richtung Schule, sondern biegt ab in die Fußgängerzone.

Frank zögert einen Moment, dann schlendert er hinter ihr her. Die Buchhandlung Wedegärtner liegt am Ende der Marktstraße. Das bedeutet einen Umweg von zwölf Minuten.

„Es ist schon Viertel vor acht", murrt er. „Wir kommen zu spät in die Schule!"

Steffi lässt sich nicht aufhalten, dreht sich nicht einmal um. Mit hocherhobenem Kopf stolziert sie auf die Buchhandlung zu. Dort bleibt sie stehen und guckt Frank triumphierend entgegen. „Naaa?"

Er mustert die Schaufensterauslage. Der geschmückte Tannenbaum sieht genauso aus, wie Steffi ihn beschrieben hat. Strohsterne, viele kleine Holzfiguren, elektrische Kerzen und ein roter Vogel als krönende Spitze!

Unter dem Baum liegen Bücher-
päckchen mit Goldkordeln verschnürt.
Dazwischen steht ein Schild:

Bücher schenken!
Und das nicht nur
zur Weihnachtszeit!

„Ätsch!", sagt Steffi.
Frank grinst und beginnt lauthals zu
singen. „Leise rieselt der Schnee ..."
„Hör auf mit dem Quatsch", sagt Steffi.
„Ich muss dir unbedingt was von Bim
erzählen!"
Frank guckt sie erwartungsvoll an.

Sesam, öffne dich

Heute frage ich ihn, denkt Linda auf dem
Weg zur Schule. Sie ist es verflixt leid
daran zu denken. Sie wird ihn gleich
fragen. Gleich, bevor es klingelt!
   Seit vier Tagen steckt das neue Poesiealbum in ihrer Schultasche. Inge und
Britta haben die ersten Seiten beschrieben
und schöne Sticker dazugeklebt. Tim soll
der Nächste sein. Hätte Lindas Bruder
nicht „Weiberkram" gesagt, als er das
Album in die Finger bekam, wäre die
Angelegenheit schon lange erledigt.

Tim ist zwar nicht so einer. Vor ihm hat Linda keine Angst. Aber es gibt Jungen in der Klasse, die so ähnlich reden wie ihr Bruder. Richtige Großmäuler sind dabei!

Tim sitzt wie üblich auf der kleinen Mauer vor der Turnhalle und liest in einem Comic. Er beteiligt sich selten an dem Gerangel auf dem Schulhof. Alle wissen, dass er nach einem Autounfall viele Monate im Krankenhaus lag und immer noch nicht herumtoben darf. Eigentlich gehört er schon in die dritte Klasse. Wegen seines Unfalls wiederholt er das zweite Schuljahr.

Linda lehnt ihre Schultasche an die Mauer, hockt sich neben ihn und sagt hallo.

Tim sagt auch hallo und liest weiter. Er sagt nie viel. Auch im Unterricht nicht. Aber lesen und schreiben kann er besser als alle anderen.

Und schrecklich hübsch sieht er aus! Linda könnte ihn immerzu angucken. Doch das verkneift sie sich lieber. Jetzt

und auch sonst. Keiner soll sagen, dass sie in ihn verknallt ist!

Anna hat vor zwei Wochen einen Zettel an Dirk geschrieben und ihm über den Schultisch zugeschoben. Sofort hieß es in der nächsten Pause: „Eine Hochzeit gibt es bald, Anna ist in Dirk verknallt!" Dirk war stolz wie eine frisch lackierte Fahnenstange und Anna hat albern gekichert.

Linda würde sich grün und blau ärgern, wenn einer über sie und Tim solche Sprüche machen würde! Darum wird sie ihm niemals in der Schule einen Zettel schreiben und darum guckt sie ihn auch nie so lange an, wie sie gerne möchte. Er soll nur in ihr Poesiealbum schreiben. Mehr nicht.

Sie hocken eine Weile schweigend nebeneinander auf der Mauer. Linda starrt auf ihre Schuhe. Dann fragt sie: „Schreib … Schreibst du in mein Poesiealbum?"

„Kann ich machen", antwortet Tim bedächtig ohne die Augen aus seinem Heft zu heben.

Linda springt von der Mauer und kramt in ihrer Schultasche.

„Hier", sagt sie und legt das Album schnell auf seine Knie.

Ganz plötzlich steht Dirk da. Breitbeinig und neugierig. Er guckt grinsend auf das bunt bedruckte Album.

„Weiberkram" oder etwas Ähnliches liegt ihm schon auf der Zunge. Linda ist sich ziemlich sicher.

Tim kommt ihm zuvor. „Hast du noch nie ein Poesiealbum gesehen?"

„Doch. Bei meiner Schwester!"

„Ich hab' auch eins", sagt Tim kurz.

Dirk guckt ein bisschen belämmert und trollt sich. Linda grinst.

„Ich hab' wirklich eins", sagt Tim. „Ein Abschiedsgeschenk vom Krankenhauspersonal und von meinen Zimmernachbarn. Alle haben was gedichtet. Wenn du willst, schreib' ich in dein Album auch was Selbstgemachtes."

Linda nickt überrascht. So viel hat Tim noch nie auf einmal gesagt. Und ein selbst gemachtes Gedicht will er für sie schreiben. Nur für sie allein!

Am nächsten Vormittag kommt Tim erst nach der großen Pause. Er hatte mal wieder einen Arzttermin.

Linda freut sich, dass er überhaupt noch auftaucht.

Als es nach der vierten Stunde klingelt und alle ihre Sachen zusammensuchen, legt er ihr ein Päckchen auf den Tisch. Ihr Album, sorgfältig in Papier eingeschlagen … Linda lässt es blitzschnell verschwinden.

Inge und Britta sind auf dem Nach-
hauseweg entsetzlich neugierig. Doch
Linda will das Album ohne die beiden
auspacken. Ein selbst gemachtes
Gedicht muss man unbedingt erst mal
allein lesen!

So schnell es geht, verabschiedet sie
sich von ihren Freundinnen. Hinter der

nächsten Straßenbiegung setzt sie sich auf den Rasenstreifen neben dem Radweg. Extra langsam packt sie das Album aus, blättert vorsichtig mit geschlossenen Augen und murmelt: „Sesam, öffne dich."

Sie hat tatsächlich die richtigen Seiten erwischt. Tim hat keinen Sticker eingeklebt, sondern ein Foto! Er guckt sie ernst an. Ernst und schrecklich hübsch!

Gegenüber auf der anderen Seite steht
sein Gedicht:

Liebe Linda!

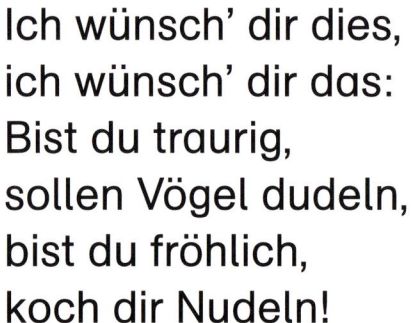

Ich wünsch' dir dies,
ich wünsch' dir das:
Bist du traurig,
sollen Vögel dudeln,
bist du fröhlich,
koch dir Nudeln!

Das ist nur ein
Kurzgedicht,
noch mehr Strophen
weiß ich nicht!

Tim

Der letzte Schultag

„Ich bin noch nie geflogen", sagt Ellen beim Frühstück.

„Das ist in deinem Alter nicht erstaunlich", sagt ihr Vater. „Schick mir bitte ein Brötchen herüber!"

Ellen reicht ihm ein Brötchen über den Tisch. „Das ist schon das Dritte. Denk an deinen Bauch!"

„Jaja", brummt ihr Vater. „Reden wir lieber über das Fliegen."

„Alle fliegen! Nur wir nicht!"

„Wer fliegt wohin?"

„Also: Hanna fliegt mit ihren Eltern nach

Menorca. Das weißt du ja. Und Roland fliegt mit seiner Mutter in die Türkei."

„Und weiter? Wer fliegt noch?"

„Heidrun fliegt auch! Ich hab' vergessen, wohin."

„Soso – drei aus deiner Klasse fliegen." Ellens Vater schmunzelt. „Drei von einundzwanzig!"

„Tunesien!", sagt Ellen. „Heidrun fliegt nach Tunesien. Wo liegt das?"

„In Afrika."

„Poooh, so weit." Ellen staunt. „Dann zählt Heidruns Flug doppelt."

Ihr Vater schüttelt den Kopf. „Die Rechnung geht nicht auf. Drei fliegen, nicht vier, und schon gar nicht alle!"

„Trotzdem", sagt Ellen. „Ich will auch. Wieso fliegen wir nie?"

„Weil wir dieses Haus gekauft haben, mein Schatz. Alles kann man nicht haben."

Ellen weiß natürlich, was ihr Vater meint. Sie hat ihren Eltern oft genug zugehört. Wenn man ein Haus kauft, wird das Geld knapp. Das hat sie begriffen. Nur reiche Leute können ein Haus kaufen *und* eine Flugreise machen. Und reich sind Ellens Eltern nicht gerade.

Ihr Vater ist Postangestellter und ihre Mutter arbeitet jeden Tag von fünf bis neun Uhr in der *Teestube*.

„Wir sind nicht richtig arm und nicht richtig reich", sagt Ellen. „Ich wäre gern richtig reich. Dann würden wir auch nach Tunesien fliegen."

Ihr Vater träumt nicht von Afrika. Dort ist es ihm entschieden zu heiß. Aber an den Bodensee möchte er. Oder an den Chiemsee in Bayern.

„So eine Reise ist erholsamer und kostet weniger als fliegen. Vielleicht können wir uns das nächstes Jahr leisten."

Nächstes Jahr! Das dauert noch ewig, denkt Ellen. Nächste *Woche* möchte sie verreisen. Wenn die Sommerferien beginnen! Von ihr aus auch ohne Flugzeug, nur an den Bodensee … Ferien zu Hause sind langweilig. Stinklangweilig!

In den nächsten Tagen schwärmen in der Schule fast alle nur noch von ihren Urlaubszielen. Auch diejenigen, die nicht in ein fremdes Land fliegen. Manche freuen sich auf die Nord- oder Ostsee,

manche auf die Berge. Außer Ellen
bleiben nur fünf andere Kinder zu Hause.
Mehr nicht!

Am letzten Schultag wird Hanna direkt
von der Schule abgeholt. Hanna ist Ellens
beste Freundin. Die ganze Familie sitzt
schon reisefertig im Auto. Das Flugzeug
nach Menorca fliegt um vier Uhr in
Düsseldorf ab. Sie müssen sofort los-
brausen um rechtzeitig dort zu sein.

„In drei Wochen bin ich wieder da", sagt Hanna. „Ich schicke dir jede Woche eine Karte!"

Ellen nickt. „Schönen Urlaub", murmelt sie, dreht sich um und geht.

Sechs Wochen Ferien liegen vor ihr, drei endlose Wochen ohne Hanna. Sie hat nichts, worauf sie sich freuen kann! Gar nichts! Und viel zu heiß ist es heute! Ellen guckt trübsinnig in den blauen, wolkenlosen Himmel.

In der Wallstraße kommt ihr Herr Sperling entgegen. Mit Miko. Miko ist ein kleiner Langhaardackel. Er und Ellen sind dick befreundet. Schon viele Jahre.

Miko wedelt mit dem Schwanz, bleibt vor ihr stehen und wartet auf eine Begrüßung.

„Hey, Miko", sagt Ellen und: „Guten Tag, Herr Sperling!" Sie krault Miko kurz hinter den Ohren. Doch selbst er kann sie heute nicht aufheitern.

Herr Sperling zieht an der Leine. Er hat es eilig. Sein Bruder ist letzte Nacht gestorben. In einem Altenheim.

„Oh." Ellen weiß nichts, was sie sagen könnte.

Herr Sperling redet umso mehr. „Ich bin sein nächster Verwandter", erzählt er. „Ich muss alles regeln. Die Beerdigung, seine Möbel und seine Münzen ..."

Herr Sperling ist völlig konfus. So aufgeregt hat Ellen ihn noch nie zuvor gesehen.

„Mein Bruder hat sein Leben lang Münzen gesammelt. Ganze Koffer voll. So ein Blödsinn! Was soll ich damit? Ich werde eine Woche brauchen um alles zu erledigen."

Ellen seufzt leise. Herr Sperling tut ihr Leid, aber die Sachen seines Bruders interessieren sie nicht. Miko auch nicht. Er guckt ganz gelangweilt.

Herr Sperling will schnell zum Bahnhof. Um sich nach einem Zug zu erkundigen.

Und dann will er zu Ellens Eltern. Er braucht jemanden für Miko. Den kann er nämlich nicht mitnehmen.

„Ich dachte, dass du für eine Woche …" sagt er und guckt Ellen dabei bittend an. „Wenn deine Eltern damit einverstanden sind …"

Ellen unterbricht ihn. „Ich frag' sie, ich frag' sie sofort!"

Sie saust los, als hätte sie Flügel.

Ulla

Ulla stapft durch den Schneematsch. An Mamas Seite. Ulla ist sauer!

Der Nachmittag war einfach schrecklich. Stundenlang sind sie durch alle Läden der Stadt gehetzt.

Mama war nicht zu bremsen. Alles, was sie einkaufen wollte, hat sie gefunden. Und noch ein bisschen mehr. Schnäppchen hat Mama gemacht, für wenig Geld viel eingekauft.

Ende Januar werden die Preise für Winterkleidung herabgesetzt. Darum sind Mama und Ulla dreißig Kilometer mit der

Bahn gefahren. Sie wohnen auf dem Land, in einem kleinen Dorf. Dort gibt es nur vier Geschäfte. Hier, in der Stadt, gibt es Hunderte. Geschäfte, Geschäfte und noch mal Geschäfte. Und überall Gedränge in den Einkaufsstraßen, Gedränge und Schneematsch!

Den halben Nachmittag lang hat es geschneit. Winzige Flocken fielen wie helle, feuchte Schleier vom Himmel. Sobald sie sich irgendwo niederließen, wurden sie von den vielen Menschenfüßen zertrampelt. Nur die Bäume schimmern weiß im Licht der Straßenlampen. Und die Schilder haben weiße Mützen. Aber auf den Straßen liegt nasser grauer Matsch. Er macht kalte Füße und lässt auf den Schuhen scheußliche Flecken und Ränder zurück.

„Stadtschnee ist hässlich", sagt Ulla. „Die ganze Stadt ist potthässlich!"

Mama lacht. Sie trägt ihre Einkaufstüten strahlend zum Bahnhof.

„In vierzig Minuten geht unser Zug",
sagt sie. „Ein Schuhgeschäft unterwegs
schaffen wir noch."

Ulla schweigt böse. Sie wird heute kein
Geschäft mehr betreten. Ulla hat end-
gültig genug!

Vor dem Schuhgeschäft in der Bahn-
hofstraße bleibt sie stehen. „Ich warte
hier!", verkündet sie drohend.

„Ich beeile mich", sagt Mama und
tänzelt in den Laden.

Ulla starrt grimmig in die vorbei-
ziehende Menschenmenge. Wehe, wir
verpassen den Zug, denkt sie. Sie will so
schnell wie möglich nach Hause. Mist-
einkauferei! Mistwetter! Und diese Mist-
leute!

Sie drängeln und schieben sich die
Straße entlang. Die meisten sehen
mürrisch und müde aus. Keiner achtet
auf den anderen, keiner guckt Ulla an.

In der Masse verschwimmen die
Gesichter zu einem grauen, vorwärts
eilenden Strom. Ulla hat das Gefühl
zu schrumpfen und langsam zu verschwinden, wenn sie in dieses Gedränge
hineinschaut. Vielleicht sollte sie doch
lieber zu Mama in den Laden gehen. Dort
ist es wenigstens warm und hell …

Plötzlich entdeckt sie in der Menge –
noch ein paar Meter entfernt – etwas
ganz und gar Überraschendes. Ulla reißt
die Augen auf.

Ein bunt bemaltes Gesicht leuchtet unter
einer roten, wuscheligen Perücke. Ein
Gesicht so unglaublich wie ein Regen-
bogen, der an einem grauen Himmel
auftaucht. Ein Gesicht, das zu einem
Clown gehört!

Er kommt näher und guckt Ulla an.
Er guckt sie richtig an, guckt in ihre
aufgerissenen Augen und lächelt. Ulla
lächelt zurück und kann ihn nun ganz
sehen.

Er ist nicht dünn und nicht dick und
schätzungsweise so alt wie ihr Vater. Ein
ganz normaler Mann, in ganz normaler
Kleidung! Unter den Arm hat er eine
Aktentasche geklemmt. So sehen Männer
aus, wenn sie aus dem Büro kommen.

Ulla kichert leise. Ein Clown im Büro?
Hinter einem Schreibtisch? Die Vor-
stellung ist zu komisch.

Jetzt zwinkert er Ulla mit den Augen zu,
wackelt mit den Ohren, lächelt noch
einmal breit und geht mit dem Menschen-
strom an ihr vorbei.

Ulla sieht seine rote Perücke noch eine
Weile in der Menge von hinten – dann
verschluckt ihn langsam die Dämmerung.
Sie lächelt ihm nach …

Es beginnt wieder zu schneien. Dicke

weiße Watteflocken wirbeln durch die Luft. Ulla fängt eine von ihnen mit der Zunge und lässt sie auf der Zungenspitze zergehen. Schön ist das!

Anne Steinwart, 1945 in Steinheim/NRW geboren und aufgewachsen, war ein richtiger Bücherwurm. Dass sie selber Autorin wurde, kommt ihr heute noch abenteuerlich vor. Die ehemalige Rechtsanwaltsgehilfin schrieb viele Jahre „in die Schublade" – bis die Zeitschrift „Brigitte" 1984 einen ersten Sammelband ihrer Gedichte herausgab. Inzwischen erschienen ein zweiter Gedichtband und mehrere Kinderbücher. Seit 1988 arbeitet Anne Steinwart als freie Autorin.

Jutta Timm wurde in Cuxhaven geboren. Nach einem Grafikstudium arbeitete sie mehrere Jahre als Werbegrafikerin. Seit 1983 ist sie eine viel gefragte Illustratorin von Bilder- und Kinderbüchern. Ihre Bilder erzählen von menschlichen Schwächen und Stärken und dem Spaß ein bisschen anders zu sein.
1994 bekam sie in Bologna den Unicef-Preis und in Amerika eine Auszeichnung für das beste ausländische Bilderbuch. Ihre Bücher wurden in acht Sprachen übersetzt.

Der bunte Lesespaß

Adventsgeschichten
Bärengeschichten
Computergeschichten
Cowboygeschichten
Delfingeschichten
Dinosauriergeschichten
Drachengeschichten
Feriengeschichten
Fußballgeschichten
Geburtstagsgeschichten
Geistergeschichten
Geschwistergeschichten
Gespenstergeschichten
Glaubensgeschichten
Gruselgeschichten
Hexengeschichten
Hundegeschichten
Ich-mag-dich-Geschichten
Indianergeschichten
Kinderwitze 1
Kinderwitze 4
Kinderwitze 5
Kuschelgeschichten
Monstergeschichten
Nikolausgeschichten
Opageschichten

Ostergeschichten
Pferdegeschichten
Ponygeschichten
Räubergeschichten
Rittergeschichten
Scherzfragen
Schlaf-gut-Geschichten
Schlummergeschichten
Schmunzelgeschichten
Schulgeschichten
Schulhofgeschichten
Schulklassengeschichten
Seeräubergeschichten
Spukgeschichten
Teddygeschichten
Tennisgeschichten
Überraschungsgeschichten
Ungeheuergeschichten
Unsinngeschichten
Vampirgeschichten
Weihnachtsgeschichten
Weltraumgeschichten
Werd-gesund-Geschichten
Wintergeschichten
Zählgeschichten